Liste et blasons des chevaliers du Collier de l'Annonciade

appartenant au Duché de Savoie,

de m.ccc.lxij à m.dccc.lxo.

CHEVALIERS

DE L'ORDRE DU

COLLIER DE SAVOIE

DIT DE

L'ANNONCIADE

APPARTENANT AU DUCHÉ DE SAVOIE

DE 1362 A 1860.

EXTRAIT

DE

L'ARMORIAL ET NOBILIAIRE DE L'ANCIEN DUCHÉ DE SAVOIE

PAR

LE C^{TE} E. AMÉDÉE DE FORAS

Officier de l'O. R. des SS. Maurice et Lazare,

Membre de l'Académie de Savoie, Membre d'honneur ou correspondant de la Députation Royale d'histoire nationale de Turin,

des Sociétés d'histoire et d'archéologie de Genève et de la Suisse romande,

des Académies delphinale et de la Val d'Isère, de l'Institut genevois, etc., etc.

GRENOBLE

TYPOGRAPHIE ET LITHOGRAPHIE ÉDOUARD ALLIER

GRAND'RUE, 8, COUR DE CHAULNES.

M.D.CCC.LXX.VIII

CHEVALIERS

DE L'ORDRE DU COLLIER DE SAVOIE

DIT DE L'ANNONCIADE

APPARTENANT AU DUCHÉ DE SAVOIE, DE 1362 À 1860.

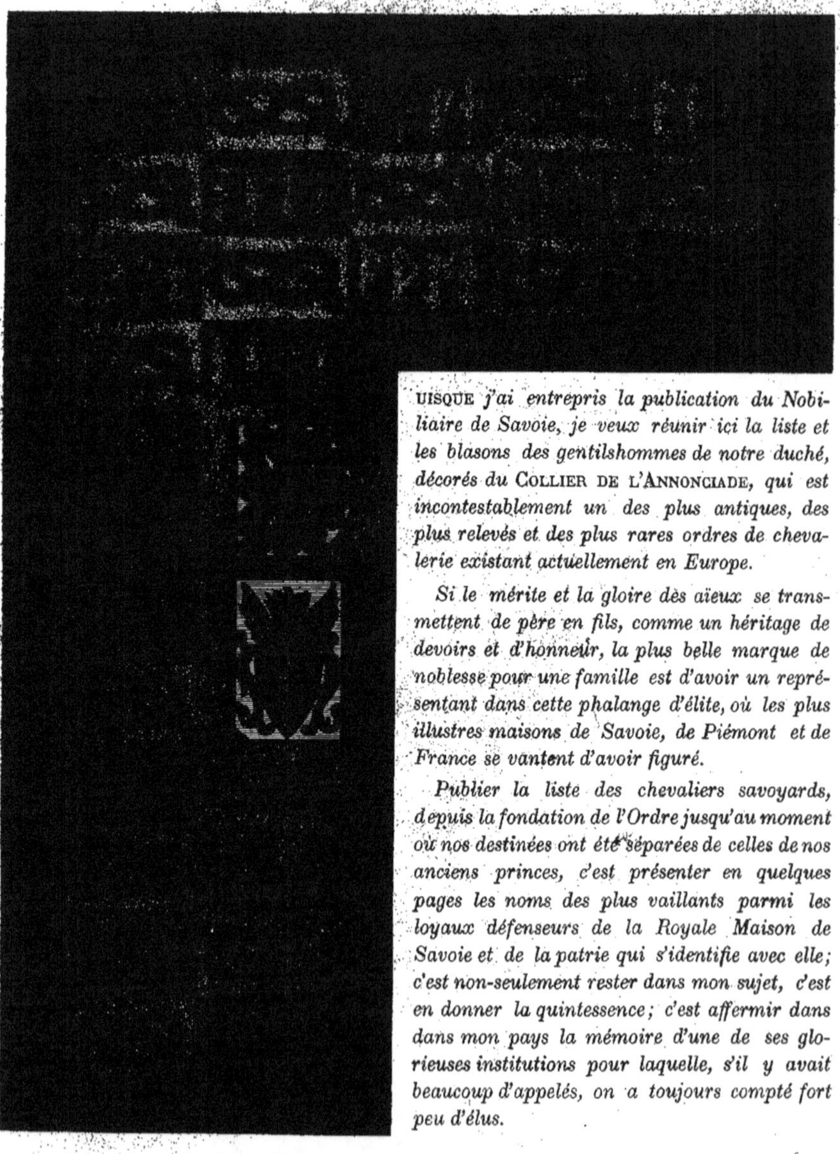

UISQUE *j'ai entrepris la publication du Nobiliaire de Savoie, je veux réunir ici la liste et les blasons des gentilshommes de notre duché, décorés du* COLLIER DE L'ANNONCIADE, *qui est incontestablement un des plus antiques, des plus relevés et des plus rares ordres de chevalerie existant actuellement en Europe.*

Si le mérite et la gloire des aïeux se transmettent de père en fils, comme un héritage de devoirs et d'honneur, la plus belle marque de noblesse pour une famille est d'avoir un représentant dans cette phalange d'élite, où les plus illustres maisons de Savoie, de Piémont et de France se vantent d'avoir figuré.

Publier la liste des chevaliers savoyards, depuis la fondation de l'Ordre jusqu'au moment où nos destinées ont été séparées de celles de nos anciens princes, c'est présenter en quelques pages les noms des plus vaillants parmi les loyaux défenseurs de la Royale Maison de Savoie et de la patrie qui s'identifie avec elle; c'est non-seulement rester dans mon sujet, c'est en donner la quintessence; c'est affermir dans dans mon pays la mémoire d'une de ses glorieuses institutions pour laquelle, s'il y avait beaucoup d'appelés, on a toujours compté fort peu d'élus.

GÉNÉALOGIE

DES XXIV GRANDS MAITRES HÉRÉDITAIRES DE L'ORDRE DU COLLIER, PUIS DE L'ANNONCIADE,

PRINCES SOUVERAINS, COMTES ET DUCS DE SAVOIE, PUIS ROIS DE SARDAIGNE,

DE 1362 A 1860.

I. AMÉDÉE VI (le Cte Vert), 16me Cte de Savoie, etc., etc., etc., 1er grand maître et fondateur de l'ordre du Collier en 1362, mort en 1383 ; ép. Bonne de Bourbon.

N. B. — Dans cette compilation, je n'ai pas cru nécessaire d'insérer les blasons des XXIV Grands Maitres héréditaires de l'Ordre, c'est-à-dire des princes de la maison de SAVOIE qui se sont succédé sur le trône, depuis Amédée VI jusqu'à S. M. le Roi régnant actuellement. Leurs noms et la suite chronologique sont consignés en ce tableau : leurs blasons sont symbolisés dans celui d'Amédée VI, le fondateur de l'Ordre.

II. AMÉDÉE VII (le Cte Rouge), 17e Cte de Savoie, 2me grand maître de 1383 à 1391. Il ép. Bonne de Berry.

III. AMÉDÉE VIII, 1er duc de Savoie, 3me grand maitre de 1391 à 1439, mort en 1451. Il ép. Marie de Bourgogne.

IV. LOUIS, 2e duc de Savoie, 4me grand maitre de 1439 à 1465. Il épousa Anne de Chypre.

V. AMÉDÉE IX, le Bienheureux, 3me duc de Savoie, 5me grand maître de 1465 à 1472. Il ép. Yolande de France.

IX. PHILIPPE II (6me fils), 7me duc de Savoie, 9me grand maitre de 1496 à 1497, épousa 1° Marguerite de Bourbon ; 2° Claudine de Bretagne.

VI. PHILIBERT I, 4me duc de Savoie, 6me grand maitre de 1472 à 1482, mort sans descendance.

VII. CHARLES Ier, 5me duc de Savoie, 7me grand maitre de 1482 à 1490. Il ép. Blanche de Montferrat.

X. PHILIBERT II (1er lit), 8me duc de Savoie, 10me grand maitre de 1497 à 1504. Mort sans descendance.

XI. CHARLES III (2me lit), 9me duc de Savoie, 11me grand maitre de 1504 à 1553. Il épousa Béatrix de Portugal.

VIII. CHARLES-JEAN-AMÉDÉE (CHARLES II), 6me duc de Savoie, 8me grand maitre de 1490 à 1496. — Mort sans descendants.

XII. EMMANUEL-PHILIBERT, 10me duc de Savoie et 12me grand maitre de 1553 à 1580. Il épousa Marguerite de Valois.

XIII. CHARLES-EMMANUEL Ier, 11me duc de Savoie et 13me grand maitre de 1580 à 1630. Il épousa Catherine d'Autriche.

THOMAS-FRANÇOIS, prince de Carignan, chevalier de l'ordre de l'Annonciade, né en 1596, mort en 1656. Il épousa Marie de Bourbon-Soissons.

XIV. VICTOR-AMÉDÉE I, 12me duc de Savoie et 14me grand maitre de 1630 à 1637. Il ép. Marie-Christine de France.

EMMANUEL-PHILIBERT, prince de Carignan, chevalier de l'ordre de l'Annonciade, né en 1628, mort en 1709. Il épousa Catherine d'Este.

XVI. CHARLES-EMMANUEL II, 14me duc et 16me grand maitre de 1638 à 1675, ép. Jeanne-Marie-Baptis^{te} de Savoie-Nemours.

XV. FRANÇOIS-HYACINTHE, 13me duc et 15me grand maitre de 1637 à 1638. Mort jeune sans descendance.

VICTOR-AMÉDÉE, prince de Carignan, chevalier de l'ordre de l'Annonciade, né en 1690, mort en 1741. Il épousa Victoire de Savoie.

XVII. VICTOR-AMÉDÉE II, 1er roi de Sicile, puis de Sardaigne, et 17me grand maitre en 1675, abdique en 1730 et meurt en 1732. Il épousa Anne d'Orléans.

LOUIS-VICTOR, prince de Carignan, chevalier de l'ordre de l'Annonciade, né en 1721, mort en 1778. Il épousa Christine de Hesse-Rheinfels.

XVIII. CHARLES-EMMANUEL III, 2me roi et 18me grand maitre de 1730 à 1773, ép. Polyxène-Christine de Hesse-Rheinfels.

VICTOR-AMÉDÉE, prince de Carignan, chevalier de l'ordre de l'Annonciade, né en 1743, mort en 1780. Il épousa Joséphine de Lorraine-Armagnac.

XIX. VICTOR-AMÉDÉE III, 3me roi et 19me grand maitre de 1773 à 1796, ép. Marie-Antoinette de Bourbon d'Espagne.

CHARLES-EMMANUEL, prince de Carignan, chevalier de l'ordre de l'Annonciade, né en 1770, mort en 1800, épousa Marie-Christine-Albertine de Saxe.

XXII. CHARLES-FÉLIX, duc de Genevois, puis 6me roi, 22me grand maitre de 1821 à 1831, mort sans enfants de Marie-Christine de Bourbon de Naples.

XX. CHARLES-EMMANUEL IV, 4me roi, 20me grand maitre de 1796 à 1802, année où il renonce à la couronne, épousa Marie-Clotilde de France, la Bienheureuse.

XXI. VICTOR-EMMANUEL I, duc d'Aoste, puis 5me roi, 21me grand maitre de 1802 à 1821, année où il abdique, épousa Marie-Thérèse d'Autriche, mort sans postérité mâle.

XXIII. CHARLES-ALBERT, prince de Carignan, puis 7me roi de Sardaigne, 23me grand maitre de 1831 à 1849, épousa Marie-Thérèse de Toscane.

XXIV. VICTOR-EMMANUEL II, 8e roi de Sardaigne, etc., etc., 24me grand maitre actuellement régnant.

A. de F. del.

RÉSUMÉ HISTORIQUE.

Dans l'état de formation de notre société du moyen-âge, la chevalerie, alliance étroite de l'esprit chrétien avec l'esprit féodal, a accompli une carrière généreuse et civilisatrice. Un chevalier se consacrait à la défense des opprimés; aux recherches excessives des occasions de gloire et de danger il unissait les pratiques d'une charité exemplaire pour les pèlerins et les lépreux; il professait un respect passionné pour la femme, que les législations barbares avaient jusqu'alors considérée comme une esclave. L'épée du chevalier, serviteur du Christ, fut constamment une protection pour la religion et la justice, malgré la faiblesse humaine, qui, au moyen-âge comme aujourd'hui, a sans doute bien souvent, à côté de l'élévation du but, laissé surgir la défaillance du fait.

L'application de ces idées a fait naître les compagnies religieuses et militaires des Templiers, des Hospitaliers, de Saint-Lazare, du Saint-Sépulcre, etc. Les princes comprirent bientôt quelle force pouvait présenter la réunion de plusieurs chevaliers dirigés et excités vers un but commun et national; ils multiplièrent ces compagnies en leur donnant des statuts et des marques de distinction.

Amédée VI, la personnification de la chevalerie de son époque, avait, dès l'an 1350, fondé l'ordre du Cygne noir, dont le but était de s'opposer aux guerres des particuliers (1). Douze ans après il fonda, l'an 1362 (2), en l'honneur des quinze mystères joyeux de la sainte Vierge, l'ordre du Collier de Savoie, dont les comtes et ducs de Savoie furent successivement les grands-maîtres, composé de quinze membres, lui-même étant « chiefs quinzesme des chivaliers pourtants ledit Ordre.» Il y a beaucoup d'incertitude sur la forme primitive du Collier porté à cette époque (3). On sait seulement qu'il était d'argent doré supportant un nœud composé de trois lacs d'amour. Les statuts de l'ordre, probablement égarés, furent de nouveau mis en écrit le 30 mai 1409 par Amédée VIII, petit-fils du fondateur (4).

---

(1) *Voir* Cibrario *Opuscoli*, Turin, 1841, f⁰ˢ 65 et suiv.

(2) Il serait trop long de réfuter les fausses notions à propos de la date et du but de cette fondation que les auteurs français les plus autorisés copient les uns sur les autres, sans jamais recourir aux sources.

(3) Le dessin donné par Capré et que j'ai suivi pour orner le blason d'Amédée VI, ne paraît pas être celui de la forme plus ancienne.

(4) Ces statuts fort intéressants — quelques lignes du préambule servent d'encadrement à ces pages — ont été imprimés sous le règne de S. M. le Roi Charles-Albert, dans trois ouvrages qui n'ont pas été mis dans le commerce : *Statuts et Ordonnances du très noble Ordre de l'Annonciade ; Sigilli dei Principi di Savoia; Serie dei Cavalieri della SS*ᵃ

Le même Duc fit des additions à ces statuts le 13 janvier 1434. Charles III, onzième grand-maître, ajouta, en 1518, dans le vide formé par les trois lacs du nœud, l'image de l'Annonciation de la Vierge et les quinze roses sur le grand Collier; depuis cette époque, l'Ordre a pris le nom de l'Annonciade. Ce même prince, en l'honneur des cinq plaies de N.-S. Jésus-Christ, augmenta de cinq le nombre des chevaliers, qui fut ainsi porté à vingt. Emmanuel-Philibert, le glorieux restaurateur de la monarchie de Savoie, restaura aussi son Ordre suprême; il fit encore des modifications aux statuts de l'Ordre en 1570 (1) et 1577, tels qu'ils étaient encore en vigueur dernièrement.

La Chapelle de l'Ordre était établie à la chartreuse de Pierre-Châtel. Après la cession de la Bresse et du Bugey à la France, elle fut transportée en 1607, par Charles-Emmanuel I (2), dans l'église des Hermites, dits Camaldules, sur la colline de Turin, et en 1840 dans l'église de la chartreuse de Collegno, près Turin.

Sous Charles II, le costume des chevaliers se composait d'une tunique de damas blanc et d'un manteau de velours cramoisi fourré de menu vair, frangé et brodé de lacs d'amour et des lettres F. E. R. T. (3). Pour les cérémonies de deuil, le manteau — primitivement une robe blanche que chaque chevalier devait donner aux Chartreux — était de drap noir pendant jusqu'à terre. Emmanuel-Philibert voulut que le manteau de cérémonie fût de velours bleu d'azur doublé de taffetas blanc, brodé comme il est dit plus haut, et la tunique également de taffetas blanc. Sous Charles-Emmanuel I, le manteau d'amaranthe fut doublé de toile d'argent, et au lieu de la robe ou tunique blanche, les chevaliers portèrent l'habit de satin blanc avec les chausses troussées de l'époque. Sous Charles-Emmanuel II, le costume était de velours plein amaranthe semé de roses et flammes en broderies d'or et d'argent, bordé de lacs d'amour de l'Ordre frangé d'or et doublé d'une toile d'argent bleue à fleurs; l'habit de satin blanc brodé de soie. Plus tard, la couleur du manteau fut de nouveau en cramoisi, comme elle l'était encore du temps de Charles-Albert (4).

L'Ordre de l'Annonciade réunit les meilleures conditions pour mériter une place de choix parmi les plus illustres Ordres chevaleresques d'Europe. Il a pour lui l'ancienneté de sa fondation et le rôle historique joué par le célèbre fondateur et ses successeurs; le nombre très restreint des chevaliers de cet Ordre et la double sanction accordée à leur valeur et à leur mérite par le choix du souverain et la ratification de leurs frères d'armes (5).

Annunziata, etc. Une clause fort importante qui a certainement contribué à la célébrité de l'ordre, est contenue au XIIᵉ chapitre : « Item que toutes les fois que la mort feroit vacquer « aucun des chevaliers de l'ordre que nous devons demander desdits chevaliers ceulx qui « nous seront en ayse davoyr et par leur conseil eslire aulcun bon valliant et prodom « chevalier pour restaurer la place qui seroit vacquée, etc. »

(1) A cette époque, le collier n'était plus porté que par un seul chevalier, Sébastien de Montbel, comte d'Entremont.

(2) Ce prince, treizième grand-maître, paraît avoir été le premier à former une catégorie toujours très rare de chevaliers étrangers, composée de princes souverains ou des plus illustres personnages de la chrétienté.

(3) Les historiens se sont épuisés en combinaisons pour expliquer ces quatre lettres. Il est fort possible que ce mot porte en lui-même sa signification la plus naturelle.

(4) Outre les ouvrages déjà cités, cette compilation est extraite principalement des catalogues de Capré et de Cigna-Santi. Depuis 1785 à 1860, j'ai suivi un manuscrit que m'a communiqué mon ami, le général comte de Seyssel, directeur de la royale galerie d'armes de Turin.

(5) Avant d'être décorés de l'Ordre supérieur de l'Annonciade, les chevaliers devaient déjà s'être illustrés par de longs et brillants services et être issus de noble et ancienne famille ; il a été dérogé quelquefois à cette dernière condition en faveur de services exceptionnels. Suivant l'étiquette de la cour de Turin, les Colliers de l'Ordre, qualifiés de cousins du roi, prenaient le pas immédiatement après les princes du sang.

Août 1860.

---

la court celeſ-
ſal euſt ordoñe
ung ordre du
Collier duquel
ordre il fuſt et
ſes ſucceſſeurs
ſeignr et chiefs
luy quinzeſme
de chivaliers
pourtants ledit
ordre.

(Préambule aux Chapitres de l'Ordre, rédigés par écrit en 1409 par Amédée VIII, petit-fils du Fondateur.)

A. de F. del et p.

LISTE ET BLASONS
DES GENTILSHOMMES SAVOYARDS
DÉCORÉS DU COLLIER DE SAVOIE, DIT DE L'ANNONCIADE,
DE 1362 A 1860.

DATES.	Nos D'ORDRE de cette liste.	

1re création. 1362.   1.   AMÉDÉE, Cte DE GENÈVE.

P. d'or à quatre points équipollés d'azur.

Le conte Amé de Geneue *(Chronique française de Savoye*, vers 1416. *Monum. hist. patriæ, Script.*, t. I, fo 295).

Aymo Comes Gebennensis *(Chronica latina Sabaudiæ*, vers 1450. *Monum. hist. patriæ, Script.*, t. I, fo 611).

AMADEVS GENEVAE COMES (Vanderbuch).

»   **2.   AYMON DE GENÈVE, SEIGr D'ANTHON ET DE VAREY.**

P. de Genève, comme au no 1.

Messire Amé de Geneue, seigneur d'Anthon *(Chron. fr., passim)*.

Aymo de Gebennis dominus de Anthone *(Chron. lat., passim)*.

ALMONDVS GENEVENSIS (V.).

»   **3.   GASPARD DE MONTMAYEUR, Bon DE VILLARSALET.**

P. d'argent à l'aigle de gueules becquée languée et membrée d'azur.

Messire Gaspart de Monmayor *(Chron. fr., passim)*.

Gaspard de Monte Maiori *(Chron. lat., passim)*.

GASPARVS MONMEVRIVS, *alias* MONTEVRIVS (V.)

»   **4.   BERLION OU BARLE DE FORAS, SEIGr DE FORAS EN GENEVOIS.**

P. d'or à la croix d'azur.

Messire Berlu de Forax *(Chron. fr., passim)*.

Berlio de Forazio *(Chron. lat., passim)*.

BARLEVS FORASIVS (V.).

»   **5.   THENNARD DE MENTHON, SEIGr DUDIT LIEU [a].**

P. de gueules au lion d'argent à la bande d'azur brochant sur le tout.

Messire Cheunart de Monthou *(Chron. fr., passim)*.

Canalis de Monthou *(Chron., lat., passim)*.

THEVNARDVS *alias* THEMVARDVS MENTHONVS (V.).

»   **6.   AMÉDÉE BONIVARD.**

P. d'or à la croix de sable chargée de cinq coquilles d'argent.

Aymo Bonivardi *(Chron. lat., passim)*.

AMADEVS BONNARDVS *alias* BONIVARTVS (V.).

(a) J'ai suivi les errements de mes prédécesseurs en inscrivant ici Thennard de Menthon, mais je dois encore appuyer sur les réserves qu'ils ont déjà formulées.

Guichenon, dans son *Histoire de Bresse et Bugey*, en parlant de la famille de Menthon, dit qu'elle est sans contradiction une des plus illustres et des plus anciennes familles du Genevois; mais comme dans la généalogie des Menthon il n'avait trouvé aucun personnage du nom de Thennard, il inclinait à croire qu'il fallait lire Thennard de Monthous, attendu que dans la généalogie de cette non moins ancienne famille on rencontre précisément un personnage de ce nom vivant à cette époque.

La *Serie dei Cavalieri della SSa Annunziata* (Turin, 1842), après avoir cité Guichenon comme dessus, ajoute en note que, dans les comptes des Trésoriers généraux, on fait souvent mention d'un François de Menthon qui jouissait d'une grande faveur à la cour d'Amédée VI, et jamais d'un Thennard de Menthon; la note finit en disant : « *Vi é luogo a supporre che vi sia errore negli antichi cataloghi.* »

S'il y a erreur, — le bon sens le démontre, — un copiste a pu lire Menthon au lieu de Monthou, bien plus facilement que François au lieu de Thennard.

La *Chronique de Savoye* de Servion (*Monum. Hist. Patr. Scriptorum*, t. I, fo 295), dans l'énumération des chevaliers de la première création, a mis : « Cheunart de Monthou. » La *Chronica latina Sabaudiæ* (*Ibid.*, fo 612), met : « Canalis de Monthou. »

L'auteur anonyme de la généalogie de la maison de Menthon, pour établir que Thennard et Thomas III de Menthon sont un même personnage, s'appuie sur des raisons absolument insignifiantes : 1o que Capré, après Thennard de Menthon, met « seigneur de Menthon, » qualification ne pouvant convenir qu'à Thomas III; 2o que le même auteur donne la gravure et la description du blason de ce Thennard, c'est-à-dire le blason des Menthon, qui n'est pas celui du Monthou; 3o l'existence d'un portrait de Thennard de Menthon peint avec les insignes de l'Ordre. — Il est aisé de comprendre qu'étant admis le nom de Menthon, on y ait ajouté la qualification de la seigneurie et les armes de cette maison. Chacun sait, quant aux portraits, que cela n'a jamais fait preuve; la collection des portraits des chevaliers du Collier, que j'ai vue au château d'Aglié, est relativement très moderne et faite, pour les anciens chevaliers, avec des figures de fantaisie sous lesquelles, pour en perpétuer le souvenir, on a mis les noms des anciens catalogues, ceux-ci n'étant point d'accord entre Menthon ou Monthou.

La question est donc réduite à une simple hypothèse, plus favorable, à mon avis, aux Monthou. En tout cas, François de Monthou (*), chevalier, seigneur de Monthou, dit Chivart (**), que les généalogies marquent chevalier de l'Ordre à la première création, vivait du temps d'Amédée VI et d'Amédée VII; il portait de gueules au chevron d'or.

(*) Orthographe ancienne.
(**) *Chivart* ou *Chevard*, dans l'écriture gothique de l'époque, est presque identique à *Thenart* ou *Thonard*.

S'ensuivent les blasons des nobles savoyards qui ont été décorés de l'insigne Ordre du Collier, devenu l'Annonciade, de m.ccc.lxij à m.dccc.lx.

DATES.   N° D'ORDRE.

1383   **7.**   JEAN DE CERVENS [a], DIT DU VERNAY, MARÉCHAL DE SAVOIE,
à 1391.   SEIGʳ DE LA ROCHETTE.

P. d'argent au cerf effrayé de gueules sommé d'argent brisé en l'épaule d'un croissant de même, au chef d'azur.

»   **8.**   THOMAS DE GENÈVE, SEIGʳ DE LULLIN.

P. de Genève comme aux nᵒˢ 1 et 2.

1409.   **9.**   LOUIS DE SAVOIE, PRINCE D'ACHAÏE ET DE LA MORÉE.

P. de Savoie brisé d'un bâton d'azur brochant sur le tout.

»   **10.**   GIRARD DE TERNIER, SEIGʳ DUDIT LIEU.

P. d'or à trois pals d'azur.

»   **11.**   JEAN DE LA CHAMBRE, VICOMTE DE MAURIENNE.

P. d'azur semé de fleurs de lis d'or à la cotice de gueules brochant sur le tout. — Capré et Cigna Santi disent bâton au lieu de cotice.

1413   **12.**   AMÉDÉE DE SAVOIE, PRINCE DE PIÉMONT, FILS AÎNÉ D'AMÉDÉE VIII.
à 1431.   *P. de Savoie brisé d'un lambel à trois pendants d'azur.*

»   **13.**   JEAN PANSEROT DE SERRAVAL.

P. d'argent pour table d'attente : son blason n'étant pas connu [b].

»   **14.**   JACQUES DE VILLETTE, SEIGʳ de CHEVRON [c].

P. d'azur au chevron d'or chargé d'un autre chevron de gueules accompagné de trois lionceaux du second, deux en chef affrontés, un en pointe.

»   **15.**   GASPARD DE MONTMAYEUR, MARÉCHAL DE SAVOIE.

P. de Montmayeur comme au nᵒ 3.

(a) CERVENS est le véritable nom de ce chevalier.
(b) Il est probable que ce chevalier était un Serraval de Savoie, et qu'il faudrait dire Jean (dit Panserot) de Serraval.
(c) Il était bien de la même famille que les Chevron-Villette, mais non seigʳ de Chevron.

Vers 1431.   16.   JACQUES DE MIOLANS, SEIG' DE MIOLANS, ETC.

       R. de gueules à trois bandes d'or.

Vers 1434.   17.   HUMBERT, BATARD DE SAVOIE, COMTE DE ROMONT.

      P. de Savoie, la croix brisée de cinq croissants d'azur au bâton de même en barre brochant sur le tout.

    »   18.   RICHARD DE MONTCHENU, SEIG' DE TERNIER, ETC. (a).

      P. de gueules à la bande vivrée d'argent.

    »   19.   JEAN DE MONTLUEL, SEIG' DE CHATILLON EN CHAUTAGNE, etc. (b).

      P. d'or à 6 trangles de sable au lion de gueules armé, couronné et lampassé d'argent.

    »   20.   LOUIS DE SAVOIE, BATARD D'ACHAÏE, SEIG' DE RACCONIS, MARÉCHAL DE SAVOIE.

      P. de Savoie brisé d'un filet de sable en barre (c).

1438.   21.   PHILIPPE DE SAVOIE, COMTE DE GENÈVE.

      P. de Savoie brisé d'une bordure endentée d'or (d).

1440
à 1465.   22.   JANUS DE SAVOIE, COMTE DE GENÈVE.
(e)

      P. de Savoie comme au n° 21.

    »   23.   GUILLAUME DE MENTHON, SEIG' DE MENTHON.

      P. de Menthon comme au n° 5.

    »   24.   JEAN DE SEYSSEL, SEIG' DE BARJAT, MARÉCHAL DE SAVOIE.

      P. gironné d'or et d'azur de 8 pièces.

(a) Les Montchenu sont Dauphinois, mais ils ont succédé en Savoie à l'illustre lignée des Ternier.

(b) Les Montluel sont Bressans à proprement parler, mais possessionnés en Savoie, où se trouvait notamment l'importante seigneurie de Chautagne.

(c) Selon Capré, portait de Savoie plein. Selon Guichenon, il porta d'abord comme dessus, et plus tard il brisa la croix de cinq croissants d'azur ; mais ses descendants, par privilége du duc Louis, portèrent le blason des princes d'Achaïe, c'est-à-dire de Savoie, brisé d'un bâton d'azur, brochant sur le tout.

(d) Capré, la *Serie*, et tous les auteurs qui les ont suivis, donnent pour la figure une variante, c'est-à-dire que la bordure endentée d'or ne passe pas sur la croix ; dans ce cas, il faudrait blasonner de gueules à la bordure endentée d'or à la croix d'argent, brochant sur le tout. — Ma figure donne la version véritable conforme à la description.

(e) Il faudrait ajouter à cette création, JEAN DE COMPEY, SEIG' DE THORENS, le tristement célèbre favori d'Anne de Chypre. Dans son mémoire au roi de France, daté de 1447 (dont Charles-Auguste de Sales disait avoir la pièce entre les mains. — *Pourpris historique,* f° 217), Jean de Compey s'intitule chevalier de l'ordre. — Louis, duc de Savoie, dans ses lettres du 22 novembre 1448 (*Les Compey,* par le Mˢ Costa, f° 95), l'appelle *militem nostrum.* — Les catalogues de l'Ordre (Capré, Cigna-Santi, la SERIE, etc.), n'ayant pas inscrit son nom, je suis leurs errements, quoique l'omission me semble incontestable. Il portait *d'azur à la croix d'or.*

DATES.   N° D'ORDRE.

1440 à 1465.   25.   GUILLAUME DE GENÈVE, Seigr DE LULLIN, ETC.

P. de Genève comme aux n°s 1, 2 et 8.

»   26.   JACQUES DE MONTMAYEUR.

P. de Montmayeur comme aux n°s 3 et 15.

1465.   27.   CLAUDE DE SEYSSEL, Seigr D'AIX, MARÉCHAL DE SAVOIE.

P. de Seyssel comme au n° 24.

»   28.   JANUS DE GENÈVE, Seigr DE LULLIN.

P. de Genève comme aux n°s 1, 2, 8 et 25.

1518.   29.   PHILIPPE DE SAVOIE-NEMOURS, COMTE DU GENEVOIS.

*P. de Savoie, brisé d'une bordure componée d'or, d'argent et de gueules
selon Capré, mais ses descendants ont toujours porté la bordure componée
d'or et d'azur, et c'est la version que j'ai suivie (a).*

»   30.   CLAUDE DE SAVOIE, Seigr DE RACCONIS, MARÉCHAL DE SAVOIE.

P. de Savoie, brisé comme au n° 9.

»   31.   JACQUES DE MIOLANS, Bon DE MIOLANS.

P. de Miolans comme au n° 16.

1527.   32.   BERTOLIN DE MONTBEL, COMTE DE FROSSASQUE.

*P. d'or au lion de sable armé et lampassé de gueules à la bande componée
d'hermines et de gueules de six pièces, brochant sur le tout.*

»   33.   CHARLES DE LA CHAMBRE, Bon DE SERMOYÉ, ETC.

P. de la Chambre comme au n° 11 (b).

(a) Mais non la forme de la bordure componée, dont les dessinateurs modernes font une figure de fantaisie.
(b) Il paraît avoir porté le blason pur de la Chambre et non celui de Seyssel-la-Chambre, famille dont il était.

DATES.   N° D'ORDRE.

1527 à 1553.   **34.** Aymon ou Amédée de GENÈVE, Seig' de Lullin.

P. de Genève comme aux n's 1, 2, 8, 25 et 28.

»   **35.** Sébastien de MONTBEL, Comte d'Entremonts.

P. de Montbel comme au n° 32.

»   **36.** Jean, Mis de LA CHAMBRE, Cte de l'Heuille, Vic^{te} de Maurienne.

P. de la Chambre comme au n° 11 (a).

1568.   **37.** Philippe de SAVOIE, Comte de Racconis.

P. de Savoie, brisé comme aux n^{es} 9 et 30.

»   **38.** Claude de SAVOIE, Cte de Pancalier, frère du précédent.

P. de Savoie, brisé comme aux n^{rs} 9, 30 et 37.

1569.   **39.** Pierre de MAILLARD, Comte de Tournon.

P. d'azur à l'albanais (b) d'argent membré et becqué de gueules.

»   **40.** Charles-Emmanuel de SAVOIE, Duc de Nemours et Genevois.

P. de Savoie, brisé comme au n° 29, placé sur le tout de l'écartelé, aux 1er et 4e de Haute-Saxe, parti de Basse-Saxe, enté en pointe d'Angrie; au 2me de Chablais; au 3me d'Aoste. — Selon Capré, portait sur le tout de Savoie à la bordure engrêlée d'azur.

»   **41.** Bernardin de SAVOIE, Seig' de Cavour.

P. de Savoie, brisé comme aux n°s 9, 30 et 37.

»   **42.** Prosper de GENÈVE, Seig' de Cursinge, St-Rambert, etc.

P. de Genève comme aux n^{rs} 1, 2, 8, 25, 28 et 34.

(a) Même remarque faite au n° 33.

(b) Albanais ou Albani, *oiseau aquatique*, au dire des vieux recueils; il faudrait ajouter *essorant* à la description. Un sceau de 1602, dont M. Preux, avocat général à Douai, a eu la bonté de m'envoyer une empreinte, représente cet *Albanais* comme un faucon s'essorant. Capré et la *Serie* donnent une autre figure : j'ai cherché à rester dans les termes de la description.

DATES.   N° D'ORDRE.

1576.   43. AMÉDÉE, BATARD DE SAVOIE, Mis DE SAINT-RAMBERT.

Portait sur l'écartelé décrit au n° 40 (réduction d'Emmanuel-Philibert son père), de Savoie, brisé d'un bâton d'azur en barre, brochant sur le tout (a).

1585.   44. JEAN-BAPTISTE DE SAVOIE, Mis DE LA CLUZE.

P. de Savoie brisé comme aux n°s 9, 30 et 37.

»   45. JEAN-LOUIS, Mis DE LA CHAMBRE, VICOMTE DE MAURIENNE.

P. de la Chambre comme aux n°s 11 et 36 (b).

»   46. HENRI DE SAVOIE, Mis DE SAINT-SORLIN, puis DUC DE GENEVOIS.

P. de Savoie-Nemours (c).

1598.   47. GASPARD DE GENÈVE, Mis DE LULLIN.

P. de Genève comme aux n°s 1, 2, 8, 25, 28, 34, 42.

1602.   48. PHILIPPE-EMMANUEL DE SAVOIE, PRINCE DE PIÉMONT.

P. de Savoie brisé d'un lambel à 3 pendants d'azur.

»   49. CHARLES-EMMANUEL DE LA CHAMBRE-SEYSSEL, Mis D'AIX.

P. parti de la Chambre comme aux n°s 11, etc., et de Seyssel comme aux n°s 24, etc.

»   50. PIERRE, Mis DE LA CHAMBRE, VICOMTE DE MAURIENNE.

P. de la Chambre comme aux n°s 11 et 36.

1610.   51. GUILLAUME-FRANÇOIS (d) DE CHABOD, SEIGr DE JACOB.

P. d'azur à 3 fleurs de lys d'argent, 2 et 1, au chef de même, chargé d'un lion issant de sable, lampassé de gueules.

N. B. — Il faudrait peut-être ajouter entre cette création (1610) et la suivante (1618), *Prosper de* MAILLARD, *gouverneur de la Savoie,* etc. (fils de Pierre, nommé au n° 39), qui aurait reçu le collier à son lit de mort, le 13 avril 1616 (N°s de M. le Chevr Benoît de Vesme).

(a) Capré et la *Serie dei cavalieri* font brocher sur le tout, écartelé compris, le bâton en barre, ce qui est une erreur que je ne puis suivre. Le blason de Savoie doit seul être marqué de la barre de bâtardise.

(b) Même remarque déjà faite aux n°s 33 et 36.

(c) Voyez ce qui est dit au n° 29. Suivant Capré, etc., il portait sur le tout l'écu de Savoie brisé d'une bordure engrêlée d'azur.

(d) La *Serie dei cavalieri,* etc. (1842) l'appelle *Jean* par erreur.

DATES.   N°ˢ D'ORDRE.

1618.   52.   THOMAS-FRANÇOIS DE SAVOIE, PRINCE DE CARIGNAN.

*Porta la réduction de l'écu de Savoie d'Emmanuel-Philibert, puis celle de
Victor-Amédée I, en brisant l'écu sur le tout d'une bordure endentée d'or.
— Il porta plus tard de Savoie, selon la dernière réduction, parti d'Autriche-
Espagne, à cause de sa mère (Voir f° 4), avec l'écu sur le tout de Savoie,
brisé d'une bordure endentée d'or, parti de Bourbon - Soissons, qui est
d'azur à 3 fleurs de lys d'or, brisé d'une bordure de gueules et d'un bâton de
même raccourci péri en bande.*
*Ses descendants ont porté d'abord le parti de Savoie à la bordure engrêlée de
gueules, puis l'écu de Savoie sur le tout simplement parti de Bourbon. —
Enfin, voyez le n° 102.*

»   53.   PIERRE DE DUYN-MARÉCHAL, Bᵒⁿ DE LA VALDISÈRE.

*P. écartelé aux 1ᵉʳ et 4ᵐᵉ d'or à la croix de gueules, et aux 2ᵐᵉ et 3ᵐᵉ d'or à la
bande de gueules chargée de 3 coquilles d'argent.*

»   54.   CLÉRIADUS DE GENÈVE, Mⁱˢ DE LULLIN.

P. de Genève comme aux n°ˢ 1, 2, 8, 25, 28, 34, 42, 47.

»   55.   LOUIS DE LA CHAMBRE-SEYSSEL, Mⁱˢ DE LA CHAMBRE ET
D'AIX, Vⁱᶜᵗᵉ DE MAURIENNE.

P. de la Chambre-Seyssel comme au n° 49.

»   56.   BERTRAND DE SEYSSEL, Bᵒⁿ DE LA SERRAZ.

P. de Seyssel comme aux n°ˢ 24 et 27.

1636.   57.   CLAUDE-JÉROME DE CHABOD, Mⁱˢ DE SAINT-MAURICE.

P. de Chabod comme au n° 51.

1638.   58.   JÉROME, Cᵗᵉ DE ROSSILLON, Bᵒⁿ DE SAINT-GENIX.

*P. de sable à la croix d'argent. — Suivant les catalogues, il écartelait d'argent
à la croix de gueules et d'azur à une colonne d'argent chargée de 2 clefs
d'or passées en sautoir* ⁽ᵃ⁾.

»   59.   ALBERT-EUGÈNE DE GENÈVE, Mⁱˢ DE LULLIN.

P. de Genève comme aux n°ˢ 1, 2, 8, 25, 28, 34, 42, 47, 54.

1642.   60.   MAURICE DE SAVOIE, PRINCE D'ONEILLE.

*P. la réduction de l'écu de Savoie d'Emmanuel - Philibert, puis celle de
Victor-Amédée I, avec l'écu de Savoie sur le tout sans brisure (V. GUICHENON).*

(a) Le 1ᵉʳ quartier était celui de Châtillon dont il portait aussi le nom ; le 2ᵐᵉ m'est inconnu : il est pourtant à peine croyable qu'il
ne portât pas au moins sur le tout le vrai blason des Rossillon, que je lui maintiens.

1648.   61.   EMMANUEL-PHILIBERT DE SAVOIE-CARIGNAN.

> P. sur la réduction de Victor-Amédée I, sur le tout, de Savoie, à la bordure endentée d'or, parti de Bourbon-Soissons comme au nº 52 *(a)*.

1660.   62.   LE Cᵗᵉ CENTAURE CAGNOL *(b)* (DES Cᵗᵉˢ CAGNOLI, DE VERCEIL EN PIÉMONT).

> P. échiqueté d'argent et de gueules au chef d'or chargé d'une aigle de sable becquée, membrée et couronnée de gueules.

1666.   63.   FRANÇOIS DE CLERMONT, Mⁱˢ DE MONT-SAINT-JEAN.

> P., selon Cigna-Santi, d'azur à 2 clefs d'or passées en sautoir.

> Ses descendants ont porté le blason des Clermont sans brisure, c'est-à-dire de gueules à 2 clefs d'argent passées en sautoir, qui est la véritable version que je donne.

»   64.   CHARLES-AMÉDÉE, Cᵗᵉ DE ROSSILLON, Mⁱˢ DE BERNEX.

> P. de Rossillon comme au nº 58.

1674.   65.   FRANÇOIS-THOMAS DE CHABOD, Mⁱˢ DE SAINT-MAURICE.

> P. de Chabod comme aux nºˢ 51 et 57.

1678.   66.   THOMAS-LOUIS DE SAVOIE, COMTE DE SOISSONS.

> P. de Savoie-Carignan comme au nº 61, c'est-à-dire de Savoie à la bordure endentée d'or, parti de Bourbon-Soissons, auquel quelques auteurs ajoutent encore une bordure de gueules.

»   67.   SIGISMOND DE SEYSSEL, Mⁱˢ D'AIX.

> P. de Seyssel comme aux nºˢ 24, 27, 56.

1696.   68.   VICTOR-AMÉDÉE DE SAVOIE, PRINCE DE CARIGNAN.

> P. de Savoie-Carignan comme aux nºˢ 61 et 66.

»   69.   CHARLES-JOSEPH-VICTOR CARRON, Mⁱˢ DE SAINT-THOMAS.

> P. écartelé en sautoir, par une double scie de gueules, aux 1ᵉʳ et 4ᵉ d'azur à 2 fasces d'or, aux 2ᵉ et 3ᵉ d'or *(c)*.

(a) Selon Capré et la *Serie* portait sur la réduction mentionnée plus haut, parti de Savoie et d'Autriche-Espagne.
(b) Le comte Cagnol, gouverneur de Montmélian, s'établit en Savoie, où il fit souche.
(c) Suivant les règles héraldiques, il faudrait dire écartelé, etc., aux 1ᵉʳ et 3ᵐᵉ d'or, etc., aux 2ᵐᵉ et 4ᵐᵉ d'azur, etc.

DATES.   Nᵒˢ D'ORDRE.

1696.   70. GUY-BALTHAZARD POBEL, Mⁱˢ DE LA PIERRE.

> P. de sinople à la bande d'or, chargée de 3 coquilles de sable.

»   71. VICTOR-AMÉDÉE DE MAILLARD, Mⁱˢ D'ALBY.

> P. de Maillard comme au nᵒ 39.

»   72. PROSPER-ANTOINE, Mⁱˢ DE LUCINGE, Bᵒⁿ D'ARENTHON.

> P. bandé d'argent et de gueules de six pièces.

»   73. VICTOR-AMÉDÉE-JOSEPH DE SAVOIE, PRINCE DE PIÉMONT.

> P. de Savoie plein.
> Le blason donné par la Serie (1842) met sur le tout d'or à l'aigle couronnée de sable, becquée et membrée de gueules, chargée de l'écu de Savoie.

1713.   74. JOSEPH-GAÉTAN CARRON, Mⁱˢ DE SAINT-THOMAS.

> P. de Carron comme au nᵒ 69.

»   75. JOSEPH-MARIE D'ALLINGES-LA-CHAMBRE-SEYSSEL, Mⁱˢ DE COUDRÉE.

> P. de gueules à la croix d'or.

»   76. PIERRE DE LUCAS, COMTE DE LA ROCHE-D'ALERY [a].

> P. d'argent à 2 chevrons de sable au chef d'or, chargé d'une aigle à 2 têtes couronnée de sable.

1729.   77. EUGÈNE-JEAN-FRANÇOIS DE SAVOIE, PRINCE DE SOISSONS.

> P. parti de Savoie-Carignan et de Bourbon-Soissons, comme aux nᵒˢ 52, 61, 66, 68.

1733.   78. LOUIS-VICTOR DE SAVOIE, PRINCE DE CARIGNAN.

> P. de Savoie-Carignan comme au nᵒ précédent.

---

[a] C'est celui que Cigna-Santi nomme de Luc, comte de la Roque d'Allery.

DATES.   Nᵒˢ D'ORDRE.

1733.   79.   VICTOR-AMÉDÉE-FRANÇOIS, LÉGITIMÉ DE SAVOIE, Mⁱˢ DE SUZE.

P. de Savoie plein.

1737.   80.   VICTOR-AMÉDÉE DE SEYSSEL, Mⁱˢ D'AIX.

P. de Seyssel comme aux nᵒˢ 24, 27, 56, 67.

1743.   81.   FRANÇOIS-LOUIS-EMMANUEL D'ALLINGES, Cᵗᵉ D'APREMONT.

P. d'Allinges comme au nᵒ 75.

1750.   82.   BENOIT-MARIE-MAURICE DE SAVOIE, DUC DE CHABLAIS.

P. de Savoie brisé d'une bordure componée et endentée d'argent et de gueules.

»   83.   LOUIS, Bᵒⁿ DE BLONAY.

P. de sable au lion d'or.

»   84.   FRANÇOIS, Mⁱˢ DE SALES.

P. d'azur à deux fasces d'or chargées chacune d'une fasce de gueules, accompagnées d'un croissant d'or en chef et de deux étoiles de même, l'une en cœur, l'autre en pointe.

»   85.   VICTOR-AMÉDÉE DE MAILLARD, Cᵗᵉ DE TOURNON.

P. de Maillard comme aux nᵒˢ 39 et 71.

1763.   86.   VICTOR-AMÉDÉE-LOUIS-MARIE-WOLFGANG DE SAVOIE, PRINCE DE CARIGNAN.

P. de Savoie-Carignan comme au nᵒ 78.

1771.   87.   JANUS NOYEL DE BELLEGARDE, Cᵗᵉ D'ENTREMONT.

P. d'azur à la fasce d'or courbée rayonnante et étincelante vers la pointe, au chef de même chargé d'une aigle à deux têtes de sable.

1771.   88.   JEAN-BAPTISTE NOYEL DE BELLEGARDE, Cte DE NANGY.

P. de Noyel de Bellegarde comme au n° 87.

1773.   89.   MAURICE-MARIE-JOSEPH DE SAVOIE, DUC DE MONTFERRAT.

P. de Savoie. Il portait pour brisure une bordure d'azur qui entourait le grand écu de ses quartiers.

»   90.   EUGÈNE-MARIE-LOUIS-ILARION DE SAVOIE-CARIGNAN.

P. de Savoie-Carignan comme son frère au n° 86.

1780.   91.   JOSEPH-BENOIT-MARIE-PLACIDE DE SAVOIE, Cte DE MAURIENNE.

P. de Savoie, sur le grand écu brisé d'une bordure crénelée d'azur.

»   92.   ALBERT, B^{on} DE VIRY.

P. pallé d'argent et d'azur de six pièces.

»   93.   ANGE-MARIE CARRON DE St-THOMAS, Mis D'AIGUEBLANCHE.

P. de Carron comme aux n°s 69 et 74.

1788.   94.   CHARLES-EMMANUEL DE SAVOIE, PRINCE DE CARIGNAN.

P. de Savoie-Carignan.

1815.   95.   VICTOR-AMÉDÉE DE SEYSSEL, Mis D'AIX.

P. de Seyssel comme aux n°s 24, 27, 56, 67 et 80.

»   96.   FRANÇOIS, Cte DE VARAX, Cte DE CHATEL.

P. écartelé de vair et de gueules.

1821.   97.   Victor SALLIER, B^on^ DE LA TOUR, Mis DE CORDON.

P. de gueules au cheval effaré d'argent.

»   98.   HIPPOLYTE DE GERBAIS DES C^tes^ DE SONNAZ D'HABÈRES.

P. d'azur au chef d'argent chargé de trois étoiles de gueules, écartelé de
Châtillon-Michaille qui est d'argent à la croix de gueules.

»   99.   HECTOR VULLIET DE LA SAUNIÈRE.

P. coupé d'argent au levrier issant de sable accollé d'azur, et de gueules.

1830.   100.   JEAN DE MICHAL, Mis DE LA CHAMBRE.

P. de sinople au coq d'argent crêté, becqué et barbé de gueules.

1831.   101.   JEAN D'ONCIEU, Mis DE LA BATIE.

P. d'or à trois chevrons de gueules.

1836.   102.   EUGÈNE DE SAVOIE, PRINCE DE CARIGNAN.

P. de Savoie plein comme au n° 60 (a).

1839.   103.   FERDINAND DE SAVOIE, DUC DE GÊNES.

P. de Savoie plein.

1842.   104.   PAUL, Cte DE SALES.

P. de Sales comme au n° 84.

1846.   105.   JOSEPH DE GERBAIS, Cte DE SONNAZ.

P. de Gerbais comme au n° 98.

(a) Depuis 1830, tous les princes de la maison de Savoie ont supprimé les brisures.

1846.   106. RODOLPHE, Cte DE MAISTRE.

P. d'azur à trois soucis d'or 2 et 1.

1858.   107. HECTOR DE GERBAIS DES C^{tes} DE SONNAZ D'HABÈRES.

P. de Gerbais-Châtillon comme au n° 98.

108. HUMBERT DE SAVOIE, PRINCE DE PIÉMONT, PRINCE HÉRÉDITAIRE.

P. de Savoie.

N. B. — C'est par inadvertance que dans les n°ˢ 24, 27, 49, 55, 56, 67, 80 et 95, le blason SEYSSEL est figuré gironné d'azur et d'or.

TABLE DES MATIÈRES.